DU

RÉGICIDE

EN FRANCE,

PAR JULES COURTET,

Sous-Préfet,

Membre correspondant des Comités historiques.

VALENCE

IMPRIMERIE DE J. MARC AUREL.

1846

DU RÉGICIDE EN FRANCE.

Entre la machine infernale de Fieschi et les coups de pistolet de Joseph Henri, d'autres bruits sinistres sont venus, par intervalle, jeter l'effroi dans toute l'étendue de la France. A chacune de ces fatales détonations, l'Europe portait la main à son cœur, se croyant blessée; et sentant ce cœur, c'est-à-dire, la France battre comme par le passé, elle témoignait sa vive satisfaction par des actions de grâces envers la divine Providence. Les vœux de l'Europe devaient se confondre avec ceux de la France : car si la France tient à sa jeune et nationale royauté, à cette dynastie qu'elle a élevée sur le pavois de 1830, l'Europe s'incline avec respect devant ce monarque qui sera la personnification la plus illustre du XIXe siècle. Un moment nous nous laissâmes éblouir aux éclairs de la Gloire : les bienfaits de la Paix seront bien autrement durables. Qui pourrait calculer ses immenses avantages pour notre avenir ?

Et c'est ce prince que nous avons été chercher dans sa retraite pour lui confier, royal Cincinnatus, le timon de l'Etat; et c'est ce roi qui a lutté si courageusement, si habilement pour guider le vaisseau de la France à travers les tempêtes et les flots déchaînés; et c'est ce père, fier de montrer au monde toutes les pures et saintes joies de la famille; et c'est cette personne auguste et sacrée enfin que, depuis quinze ans, d'obscurs assassins osent donner pour point de mire à leurs balles ! Et la mort a plané sur cette noble tête où germent toutes les destinées de la patrie !

Mais Dieu veille sur le Roi ! Dieu veille sur la France ! C'est bien assez qu'une fois le sang ait coulé sous le plomb régicide; qu'un maréchal de France, tout cassé de gloire, soit venu mourir sur les boulevards de Paris, après avoir laissé de son sang sur tous les champs de batailles de l'Europe. Oh! ne parlez pas de hasard quand il s'agit de la vie des Rois! La Providence, qui tient leurs destinées dans ses mains, ne les clôt que lorsque ses vues sont remplies, que lorsque leur mission est complète. Et qui douterait que Louis-Philippe remplit une de ces missions providentielles? Quoi! un sombre et habile tireur viendra se mettre, au coin d'un parc, à l'affût d'un roi comme à l'affût d'une bête fauve; et, à quatre mètres de distance, ni le roi, ni la reine, ni les princes, ni les princesses, ni les enfants, ne seront blessés! et pourtant le plomb aura traversé les panneaux de la voiture! et pourtant la mort aura plané de bien près sur toutes ces royales têtes! et vous ne verriez pas là un miracle, une volonté plus que manifeste de la Providence! Ah! la carabine de Lecomte a tué l'incrédulité.

Mais est-ce à dire que la France, ce foyer avoué de la civilisation, cette patrie des arts et de la liberté, est décidemment antipathique à la monarchie? qu'elle nourrit trois cents Mutius Scevola qui ont juré la mort de quelque nouveau Porsenna? — Dieu soit loué, cela ne saurait être. Pour l'honneur du pays, je n'ai pas à combattre ce pacte horrible fait avec la folie et avec la mort. Cependant, dans ces douze dernières années nous avons vu tomber quelques têtes régicides..... C'est déplorablement vrai; mais sommes-nous le seul peuple à qui soit donné un si douloureux spectacle? L'empereur de Russie, le roi de Prusse, n'ont-ils pas échappé aux balles des assassins? La reine d'Angleterre, Victoria, qu'un instinct secret semble entraîner vers la France, n'a-t-elle pas été, elle aussi, une jeune femme, le point de mire de plusieurs tentatives coupables? — Et ne sait-on pas que les points les plus culminants sont les plus exposés à la foudre?

Nous allons jeter un coup-d'œil rétrospectif sur le régicide en France; nous tâcherons en même temps d'en découvrir les motifs.

Le sang des Mérovingiens coula plus d'une fois sur le sol de la conquête; mais alors ce n'était pas encore la France; ce n'était pas encore la monarchie. C'était un vaste camp, toujours sous les armes, où des chefs superbes cherchaient un coin pour cacher le fruit de leurs tueries et de leur brigandage; où d'incessants aiguillons de rivalité, de jalousie, d'antagonisme de race, et parfois le plus sordide motif, l'appât de l'or et du butin leur mettait le couteau à la main et les faisait s'entregorger brutalement. Aussi le poignard ou la débauche tuaient tous ces jeunes princes dans la fleur même de leur adolescence. Pères à quinze ans, vieillards à trente. Ils passaient comme des spectres, destinés seulement à se reproduire et à mourir. Ephémères royaux qui apparaissaient le matin sur le pavois, et le soir dans un cercueil! Or, c'est pour ainsi dire de ses propres mains que se tuait la race, d'abord si forte, des Mérovingiens. — Gonthramn de Bourgogne jure de détruire les meurtriers et leur postérité jusqu'à la neuvième génération, « afin, disait-il, de faire cesser cette coutume perverse de tuer les rois (1). »

La famille des Peppin fonde un nouvel empire, « sorte de pont jeté entre la barbarie et la féodalité (2). » L'anarchie disparaît : il ne s'agit plus de meurtres isolés; ce sont des batailles. Tout se régularise, hommes, institutions, mœurs, langage. La nationalité française se

(1) *Grégoire de Tours*, liv. VII, ch. 8.

(2) M. Guizot, *Histoire de la civilisation française*, 9e leçon.

forme. Et pourtant, quand le moment est venu, quand la sève karlovingienne s'est épuisée à produire le grand empereur, il suffira à l'arrière-petit-fils d'un aventurier de race saxone d'un simple acte de sa volonté pour se substituer à une dynastie méprisée. Il ne sera pas besoin de poignarder ou de raser le titulaire. Les Karlovingiens n'ont plus même la force de se reproduire. Il est vrai que St-Valery, à qui Hugues-Capet avait élevé un tombeau, lui avait dit, dans une apparition : « Toi et tes descendants vous serez rois jusqu'à la génération la plus reculée (1). » Il est vrai aussi que l'arrière-petit-fils de Robert-le-Fort était maître de ce *duché* qui allait devenir le *royaume* de France ; que sa famille avait déjà donné deux rois, défenseurs de Paris ; qu'il possédait les abbayes les plus renommées ; qu'il avait l'amitié du clergé et la sympathie des contemporains. Donc, il lui en coûta peu « pour déraciner la race de Charlemagne ; ce à quoi il était mu par d'anciennes haines et la coutume de ses pères (2). »

(1) *Scrip. rer. franc.*, x, p. 300.

(2) *Idem*, x, p. 298.

Je ne sais quel terme la Providence assignera à la prédiction, historique ou non, de St-Valery; mais voilà huit cent soixante ans qu'elle a dit vrai, et tout fait espérer une longue réalité. Et pourtant que de tempêtes ont soufflé sur cette race des Capétiens! Heureusement il faut plus que des orages ordinaires pour renverser l'arbre enraciné au sol depuis mille ans. Et pourtant des révolutions importantes ont été le fait de ces brillants monarques! — Louis X meurt, laissant une fille et sa femme grosse : un fils nait et meurt au bout de cinq jours. Selon les lois féodales, le trône appartenait à Jeanne, fille du roi. Tout alors reconnaissait le droit héréditaire des femmes à défaut de mâles. Les couronnes étaient alors regardées comme des fiefs. Cependant Philippe de Poitiers, un moment régent, court se faire sacrer à Reims, revient à Paris, assemble les clercs et les bourgeois aux halles avec beaucoup de notables du royaume, « et là il fut déclaré, qu'à la couronne de France la femme ne succède pas (1). »

D'après les idées reçues, c'était là de l'usur-

(1) *Nangis.*

pation. Cependant les légistes ne manquèrent pas pour légitimer cette révolution par un article du code des Saliens, dont l'application était évidemment forcée. Et les légistes ont bien fait; et les légistes ont eu raison par le fond, sinon par la forme, puisque ce principe a généralement et définitivement prévalu; puisque ce principe devait sauver la France, en garantissant sa nationalité contre toute domination étrangère. La force d'abord, ensuite le droit: c'est l'histoire du monde. Cela empêchera-t-il les Valois de parcourir tranquillement une longue et brillante carrière? C'est quand leur course sera arrivée à son terme; c'est à cette époque remarquable de la renaissance que reparaîtront les hideuses traditions de la barbarie. Les rois tomberont encore sous le couteau.

La mort de Henri II est un accident fortuit et, par conséquent, hors de ligne. Le coup de lance de Montgoméri, comme la chute de voiture de S. A. R. feu le duc d'Orleans, sont de ces malheurs imprévus dont le secret n'appartient qu'à Dieu seul. Mais, à peu de distance, le poignard clôt la dynastie des Valois et inaugure celle des Bourbons. Henri III et Henri IV tombent sous les coups de deux jeunes fanatiques, ignorants et grossiers. Les deux stupides meurtriers traduisent aveuglement en action les injures populaires; et tous les deux, en tuant le roi, crurent assurément sauver le Pape et la sainte Foi. Il est probable qu'ils n'avaient point de complices. Or, qu'y a-t-il d'étonnant en cela? La chaire et la presse vomissaient chaque jour, contre la royauté, les diatribes les plus directes, les arguments les plus détestables : rien n'était oublié pour alimenter la haine populaire. Le fanatisme devait faire le reste. Après avoir consommé le crime, il se chargea de le justifier. C'est alors seulement que parait au grand jour la doctrine du régicide; alors on commente toutes les conséquences de ce principe, qu'il est permis à un peuple de se défaire d'un tyran. Buchanan et Mariana donnent une forme scientifique, un cadre pédantesque à toutes ces rapsodies éparses. On évoque saint Thomas au fond de sa tombe. Et puis qu'on vienne dire que la doctrine émise pour préconiser Jacques Clément, n'a pas mis le couteau aux mains de Ravaillac!

Quoiqu'il en soit, c'est le *roi* et non la *monarchie* que voulurent tuer ces deux stupides mandataires d'une opinion détestable. Quelques esprits rêvèrent bien alors une autre forme de gouvernement; mais ils se trouvaient dans une sphère plus élevée : c'étaient les premiers dignitaires d'une superbe et ambitieuse aristocratie. Jamais néanmoins à ses utopies politiques le protestantisme ne songea à donner pour base un cadavre royal.

Henri III était méprisé; le Béarnais fut haï : c'est pénible à dire; mais c'est de l'histoire. La tentative de Jean Châtel se renouvela fréquemment contre sa personne. Le parlement n'était occupé qu'à juger et condamner les pauvres hères qui se croyaient prédestinés à punir les faiblesses et les vices du roi. Aujourd'hui, nul monarque des temps passés ne nous apparaît dans une plus grande auréole de loyauté, de franchise et de popularité. Mais il faut l'avouer, tout cela est l'ouvrage de la *Henriade* de Voltaire et un charlatanisme de la Restauration. En 1814, on sentit le besoin de mettre la nouvelle royauté à l'abri d'un grand nom; et le *vert-galant* Henri fut choisi pour recommander la dynastie restaurée des Bourbons. On crut fermer la bouche aux révolutionnaires. — De son air fier et narquois, Henri IV semble sourire encore sur le Pont-Neuf : où est la dynastie de 1814?

Certes, si un roi était fait pour perdre la plus belle des monarchies, c'était Louis XV. Le fils de si bonne maison, l'héritier de tant de grands hommes, le rejeton de tant de rois célèbres, ne sut que faire asseoir la prostitution sur le trône : c'était à dégoûter de la monarchie. Cependant le refus des sacrements fut la seule chose qui mit en péril les jours du monarque débauché. Le poignard des Francs-Juges clouait en même temps la sentence et la mort dans le cœur du condamné. Au canif de Damiens pendait la bulle *unigenitus*.

Il était réservé au malheureux Louis XVI de payer les fautes de son aïeul. Quand celui-ci, dans son ignoble insouciance, renvoyait à son successeur tous les embarras de la royauté, il n'oubliait qu'une chose : c'était le bourreau.

Ici l'horizon s'élargit, les proportions grandissent : ce n'est plus un homme seul, un fanatique isolé qui se prend corps à corps avec le monarque. Comme jadis devant Thèbes, c'est une troupe de chefs audacieux qui jurent, la main dans le sang. Jours d'épouvante et de grandeur! sanglantes et glorieuses saturnales ! Mille années de féodalité viennent s'abîmer à jamais sous l'échafaud du 21 janvier. Le petit-fils de Saint-Louis monte au ciel et nous lègue, avec son sang, ce qu'il voulait peut-être donner à la France, la liberté constitutionnelle.

Car, on le sait, la révolution ne tua pas la monarchie. La révolution en dispersa les débris, qui se rejoignirent à la voix puissante du génie, comme les ossements blanchis à la voix du Prophète. Différentes combinaisons furent imaginées, et après divers essais plus ou moins heureux, après des tentatives plus ou moins sanglantes, c'est au soleil de juillet 1830 que le vaisseau de la France est définitivement entré dans le sillage régulier de la monarchie constitutionnelle.

Ainsi donc, qu'a été le régicide en France sous l'ancienne monarchie, en faisant abstraction des boucheries de la première race ?

Un fait, selon toutes les probabilités, particulier, individuel, misérable fruit de l'exaltation religieuse, aveugle et horrible traduction d'un malaise que de mauvaises passions soufflaient accidentellement sur certaines classes de la société. — Deux rois succombèrent parce que deux misérables s'imaginèrent que la religion était en péril, qu'il fallait sauver le Pape et la Foi. Comme si ces deux choses avaient besoin d'être sauvées ! comme si leur point d'appui n'était pas dans le ciel ! Ainsi donc, fanatisme religieux ; mais crime isolé ! Mort au roi ; mais respect à la monarchie.

Une fois pourtant, celle-ci fut en péril : c'est quand la France, dans la grande orgie révolutionnaire, jeta pour gant à l'Europe étonnée la tête de son roi, et s'assit à ce banquet funèbre où coulait à grands flots le sang de ses enfants. Il est vrai qu'à peine revenue de son ivresse, la France se précipita dans les bras de la Gloire. La Gloire l'accueillit, lava les souillures de son noble front à tous les fleuves de l'Europe, pansa ses blessures avec des drapeaux victorieux, et reconstruisit ce trône qui avait disparu dans un moment d'épouvantable délire.

La France ne pouvait être ingrate. Elle laissa le soldat parvenu s'asseoir sur un trône, vieux de quatorze siècles, jeter des couronnes à ses frères, à ses lieutenants, et appeler dans son lit la fille des Césars. Le glaive de Charlemagne et le sceptre de Saint-Louis étaient dans un des plateaux du destin ; il mit sa puissante épée dans l'autre et il fit pencher la balance. Ce qui restait des Bourbons continua d'apprendre dans l'exil tout ce qu'il y a d'amertume au pain de de l'étranger.

Pourquoi d'imprudents amis rêvèrent-ils d'arrêter le géant dans sa course? Pourquoi ne prévirent-ils pas que l'appel au meurtre pouvait amener de douloureuses représailles? Ah! qu'il eût mieux valu, pour la gloire de tous, attendre du temps seul l'exécution de ces destinées, qui sont le secret et la volonté de la Providence! Ce qu'il est permis de croire, c'est qu'il eût répugné à un Bourbon de monter au trône de ses pères en passant sur le cadavre du Premier Consul.

La machine infernale de la rue St-Nicaise fut donc l'œuvre de quelques enfants perdus du royalisme. L'assassinat juridique de Louis XVI fut un attentat national, puisque la nation y souscrivit dans la personne de ses représentants. Mais qu'on n'oublie jamais que les votes de la majorité furent écrits sur l'autel de la Peur. Le fanatisme politique avait détrôné le fanatisme religieux du XVIe siècle. Dorénavant c'est cette passion également aveugle, c'est cette fièvre brûlante que les révolutions allument au cœur de certains hommes, mais plus souvent encore c'est une aberration de l'esprit, c'est la folie, qui nous donnera le triste spectacle du régicide. Déroulez les fastes de ce crime dans nos dernières années : tout en haut, c'est une brute de Corse travaillée par un révolutionnaire émérite; en bas, c'est l'insensé Joseph Henri que l'explosion du 16 avril a peut-être éveillé de sa léthargie. Entre les deux, quelques-uns de ces êtres éclos dans les boues de Paris, souffrant de leur impuissance, de leur misère et de leur orgueil, et s'imaginant qu'à leurs appétits grossiers, à leur vulgaire individualité la fortune n'a pas fait une part juste et convenable. Comme les orages qui remuent la vase jusqu'au fond des mers, les révolutions agitent jusqu'aux dernières classes de la société. C'est un malheur inévitable : mais le calme ne tarde pas à se faire ; la limpidité reparaît sur toute l'étendue des flots, et la société repousse avec des cris unanimes de réprobation ces malheureux qui osent faire remonter jusqu'à une personne sacrée les effets de leur orgueilleuse et impuissante colère.

Un misérable n'eut-il pas, un jour, l'atroce et sotte prétention de couper avec son stylet la branche sur laquelle pouvait reverdir le vieil arbre des Capets? La France répondit par un gémissement d'horreur à la sombre folie de

Louvel. Elle salua de plus vives acclamations l'avènement du trente-septième héritier de cette race antique. Plus tard, si elle le vit avec indifférence reprendre le chemin bien connu de l'exil, emportant dans les lambeaux de sa monarchie errante le jeune orphelin condamné à payer les fautes de sa famille, c'est quand *éclata la conspiration de la bêtise et de l'hypocrisie ;* c'est quand *d'affreux ministres ont souillé la couronne et souillé la violation de la foi par le meurtre;* c'est quand *ils se sont joués des serments faits au ciel, des lois jurées à la terre* (1). Si la France, en un mot, accueillit de ses vœux unanimes la branche cadette des Bourbons, c'est qu'alors l'ostracisme contre la branche aînée était prononcé, non plus par un seul homme, non plus par un parti, mais par la voix du peuple, écho de la voix de Dieu.

La monarchie se retrouva, rajeunie et régénérée, sous les pavés populaires de juillet. — La monarchie ne saurait périr en France, parce

(1) M. de Châteaubriand, *Discours sur la déclaration faite par la Chambre des députés, le 7 août 1830, prononcé à la Chambre des pairs, le même jour, à la séance du soir.*

qu'elle est de droit parmi nous; parce qu'elle est l'expression de nos mœurs et de notre civilisation; parce qu'elle constitue quatorze siècles de notre histoire. Que pourraient désormais à son égard quelques tentatives isolées contre la vie du Roi? Dieu saura détourner, comme il l'a fait si souvent, le coup qui frapperait en même temps la France au cœur. Mais dans la supposition d'un malheur improbable, croit-on que le cri de l'ancienne monarchie : Le Roi est mort : Vive le Roi! ne serait pas le cri de la monarchie nouvelle? Pense-t-on que la France qui a porté sur le trône la dynastie d'Orléans ne saurait pas l'y maintenir?

Si, comme quelques-uns le disent, les partis se sont donné rendez-vous au premier changement de règne, plaignons des Français qui récusent, depuis seize ans, l'expression évidente et renouvelée de la volonté nationale. Plaignons-les doublement, s'ils bercent leur fol espoir avec les déchirements de la patrie!

Une chose nous console et nous rassure en même temps; c'est qu'en face des républicains et des légitimistes, il y aura toujours ce grand parti national qui travaille, avec patience et ardeur, aux destinées de la France. On le trouvera toujours sur la brèche au moment du danger.

Ainsi donc : arrière, républicains de 93! arrière, vétérans du crime! Vous aurez toujours contre vous le souvenir. — Et vous, qui entrez dans la vie par la porte des colléges, où vous avez vécu avec les républicains de la Grèce et de Rome; jeunes gens qui ne vous demandez même pas si votre république sera fédérative ou indivisible, oligarchique ou démocratique; oh! ce n'est pas vous que je crains! Vous êtes l'espoir de la patrie : vous en serez un jour le soutien. Mais voyez derrière vous, à l'ombre de votre drapeau flottant au souffle de l'imagination, voyez ces hommes remuants, inquiets, avides, qui ne tiennent au sol par rien, qui font bon marché des institutions et des lois, qui placent leur insatiable et orgueilleux espoir dans les chances obscures de l'avenir. Prenez garde; car si votre utopie pouvait se réaliser un moment, vous ne tarderiez pas à pleurer votre victoire. Vous seriez solidaire de crimes dont d'autres hommes recueilleraient le prix!

Quant à ceux qui se disent légitimistes (légitimistes sans doute par excellence), c'est une affaire de temps, pas autre chose. Il y a des légitimistes, comme il y eut des jacobites, après le renvoi des Stuarts. Où sont aujourd'hui les jacobites? où sont les Stuarts?—Un des petits-fils de Jacques II passa sa vie à jouer le rôle de *prétendant*, finit par s'abandonner à l'ignoble passion du vin, et mourut obscurément à Florence, la veille de notre révolution de 1789. Son frère est mort un peu plus tard à Rome, cité des grandeurs déchues, sous le titre modeste de cardinal d'York. J'ai vu leur mausolée commun sur un des piliers latéraux de St-Pierre de Rome. Il y a encore de la place pour les petits-fils de M. le duc de Bordeaux.

Supposer aux légitimistes l'espoir d'une restauration par l'Europe armée, ce serait faire injure à leurs sentiments comme à leur intelligence. L'Europe, aujourd'hui comme jadis, s'accommode assez bien des révolutions qui sont justes, forcées ou qu'elle ne saurait empêcher. Louis XIV avait donné asile à la veuve de Charles Ier; il n'en porta pas moins le deuil de Cromwell.

Et puis, il faut bien le dire et le reconnaître, Louis-Philippe, avec ses seize années de paix, est autrement assis sur le trône que Napoléon avec ses seize années de luttes et de victoires.

Ils le sentent bien ceux-là qui, désespérant de voir leur légitimité triompher par la force, voudraient la ramener indirectement au moyen de l'anarchie ! Prôner et proclamer sur les toits la souveraineté du peuple, après avoir humblement et servilement baisé les pieds du droit divin; réclamer le suffrage universel quand on a soutenu le bon plaisir et défendu le monopole, n'est-ce pas là vraiment un métier d'hypocrisie et d'impudence? n'est-ce pas vendre audacieusement une marchandise pour laquelle on s'est épris d'une passion un peu subite? n'est-ce pas faire ce que l'on se garderait bien d'avouer? n'est-ce pas là, en un mot, pousser, entraîner la France à l'anarchie, pour qu'il en sorte, un beau jour, le gouvernement absolu?

En vérité, voilà une soudaine et touchante sollicitude à l'endroit du prolétariat. Comme on doit regretter de l'avoir complètement oublié alors qu'on pouvait tout faire pour lui ! Il est vrai qu'alors l'abbé était occupé à courir après la crosse d'évêque; il est vrai que le vicomte fréquentait les antichambres légitimes pour solliciter des lettres-patentes à l'effet de réhausser son obscure gentilhommière. Mais que le prolétariat se rassure; il n'aura rien perdu pour attendre, pourvu que la France veuille bien le laisser faire. Voici, pour réclamer ses droits, des champions inespérés. Ne faites pas trop attention à leur couleur. On dira que ce sont des jacobins blancs. Que voulez-vous? Autres temps, autres jacobins! — Timon, d'Athènes, le vrai Timon, disait en face à ses spirituels compatriotes qu'il les méprisait et les haïssait; il les invitait à venir se pendre au plus tôt au figuier de son jardin. C'était là de la franchise; aussi Timon, s'il eût vécu de nos jours, n'eût jamais songé à rogner sa soutane en guise de carmagnole, ou à cacher honteusement son blason sous un bonnet rouge.

Un grand écrivain et un grand poète, un vieux paladin de la légitimité, condamné à voir ses prédictions méconnues comme celles de Cassandre, M. de Châteaubriand, a écrit : « Le chef de l'Etat mérite du respect; il ne fait point le mal; il n'a pas versé une goutte de sang; il s'élève au-dessus des attaques; il comprend la foi jurée à un autre autel que le sien : cela est digne et royal (1). » Voilà, sans doute, ce qui

(1) *De la Restauration et de la Monarchie élective.*

a décidé certaines gens à prêter sans confusion en 1846, à ce même chef de l'Etat, un serment qu'il leur aurait été impossible de prêter en 1833, *sans renier, sans abdiquer les principes monarchiques, sans cesser d'être légitimistes* (1). Le temps et les circonstances donnent de l'élasticité à certaines consciences ; fut-ce des consciences d'abbé. — Un hardi plaidoyer en faveur du Tiers-Etat fit la fortune de l'abbé Syeyes. L'abbé Grégoire comprit que sa place n'était pas sur certains bancs. Ce sont là des précédents séduisants ou faciles ; mais les abbés de nos jours ont un peu moins de talent et un peu plus de ténacité. Reste à savoir ce qu'y gagnera le parti.

M. de Châteaubriand disait encore dans la même brochure : « Quand le gouvernement actuel aura fait la guerre sous le drapeau tricolore, comme la restauration sous le drapeau blanc, en présence de la liberté de la presse ; quand il aura agrandi notre territoire, illustré nos armes, amélioré nos lois, rétabli l'ordre,

(1) *Gazette de France*, n^os des 28, 30 août, 2, 5, 8 octobre et 22 novembre 1833.

relevé le crédit et le commerce, alors il pourra insulter à la restauration (1). » Le gouvernement actuel n'insulte à personne, surtout aux vaincus; mais voilà seize ans que le gouvernement actuel fait tout ce dont le défiait un noble ami du malheur. Il a fait plus encore, et c'est peut-être ce qui lui rallie, chaque jour, ces royalistes qui ont le bon sens de croire que la France peut être aussi grande, aussi forte, aussi heureuse sous un Bourbon de la branche cadette que sous un Bourbon de la branche aînée; et qu'avant tout, il vaut mieux se rapprocher d'un monarque illustre, admiré de l'Europe, aimé de la France, et qui ne veut que son bonheur, sa gloire et son indépendance.

Louis-Philippe est mieux que d'être *légitime;* il est l'élu de la nation. Charles Ier et Jacques II étaient rois légitimes : le premier mourut sur l'échafaud, et le second dans l'exil. Je ne parle pas des nôtres. Guillaume fut élu et la maison de Hanovre occupe encore le trône d'Angleterre. Louis-Philippe remonte, lui aussi, au comte Robert, troisième fils de Saint-Louis,

(1) *De la Restauration et de la Monarchie élective.*

lequel épousa Béatrix de Bourgogne, héritière des sires de Bourbon; il remonte jusqu'à Robert-le-Fort, le fameux duc de France; il est petit-fils de Henri IV et de Louis XIV; mais son plus beau titre, comme sa plus belle garantie, c'est d'être l'élu de la nation, c'est d'être la personnification la plus noble et la plus pure des idées de la France actuelle. Voudrait-on par hasard que la royauté élective ne poussât pas dans le sol français d'aussi profondes racines que la royauté de droit divin? Mais il y a déjà long-temps que Peppin, après avoir fait raser et enfermer Chilpérik dans le couvent de Saint-Omer, a fondé la dynastie karlovingienne! Et, pour avoir converti en droit le fait de sa puissance, en vit-il moins les Franks consacrer cette révolution par leur entière obéissance? C'est que Peppin représentait un principe. Or, ce principe, ébauché par la bataille de Testry, consistait alors à rajeunir le peuple Frank, en faisant prévaloir l'élément germanique, et à faire dominer la royauté dans l'ordre civil, comme la papauté dans l'ordre religieux.

La révolution de 1830 est le complément de la révolution de 1789. Trois frères ont terminé la branche aînée des Bourbons, comme trois frères avaient terminé celle des Valois, et aussi trois frères la première branche des Capétiens. Alors, par un effet tout providentiel, le principe de nos deux révolutions se trouva admirablement personnifié dans un prince qui avait donné et qui donnait de réelles garanties à la nation française. Il y avait encore dans l'air un écho des victoires de Jemmapes et de Valmy. La France crut devoir confier ses destinées à Louis-Philippe. Hommes de bonne foi, dites si votre espoir a été trompé ?

Une belle et nombreuse famille qui voit, tous les ans, s'augmenter le nombre de ces illustres enfants destinés à porter haut le drapeau de la France; une sainte reine, dont tout le monde reconnaît les vertus et dont les prières ne montent pas inutilement aux pieds de Dieu; une ange de grâce et de poésie qui est allée dans les cieux rejoindre la vierge immortelle d'Orléans qu'elle y avait entrevue; un prince accompli que les destins ont montré seulement à la terre pour le faire pleurer comme un autre Marcellus; et au milieu de tout cela, un auguste vieillard dont la noble tête blanchit pour la prospérité et la gloire de la France, et que ne saurait faire pencher la balle d'un vil assassin; un gouvernement libre et fort, s'appuyant sur la nation et ne reculant devant aucune sorte de juste et sage progrès : voilà ce qui nous rallie aujourd'hui! voilà ce qui fait notre force et notre espoir! voilà notre légitimité! Elle en vaut bien une autre, Dieu merci! et celle-là, nous saurions la défendre si on osait l'attaquer.

FIN.

www.ingramcontent.com/pod-product-compliance
Ingram Content Group UK Ltd.
Pitfield, Milton Keynes, MK11 3LW, UK
UKHW012124240726
13965UKWH00005B/1958

9 782013 270489